もうちょっとで危うく恋するところだった

mou chotto de ayauku koi suru tokoro datta.

㊓ ナ月　㊔ 紙魚丸

editor nazuki　illustrator shimimaru

もうちょっとで危うく恋するところだった

（編）ナ月　（絵）紙魚丸

ムービーナーズ

はじめに

「あっぷねえ〜！　もうちょっとで恋するところだったぜ！」

そんな体験はないだろうか。俺は何度もある。

クソ映画のＴシャツを着て映画館の売店で飲み物を買っていたら、女の子の店員に小声で「その映画、良いですよね……私も好きです……」と言われた時は危うく恋するかと思った。

また合宿免許初日に知らんギャルから「イケボのお兄さん」と呼ばれてちょっとドキドキした上で、最終日に「おいイケボ」ってぞんざいに呼ばれた時も危うく恋するかと思った。

恋自体は素敵なものかもしれないが、あまりにもポンポン恋していると身がもたない。ある程度自制する必要があるのだ。

ハインリッヒの法則というのがある。1の重大な事故の影には29の軽微な事故があり、さらにその影に300のちょっと危なかったことがあるという法則だ。

きっと恋愛においても当てはまるに違いない。なんの根拠もないが、多分そうだ。

この29か300の方。恋するところだったけどギリギリ踏みとどまった、恋バナ未満のエピソード。

これを集めたら面白いに違いない。そう思ってエピソードを募集しては、オモコロというウェブメディアで紹介していた。

これがもう大変いい記事になったので、できることなら書籍の形にしてより多くの人にお届けしたい。そんな願いから生まれた本が本書だ。

やったぜ!!

共感してキュンキュンしてしまうようなものもあれば、全然共感できない独特な感性のエピソードもあると思う。どっちも最高。

キューピッドの矢の撃ち損ない100本、ぜひ楽しんでほしい。

ナ月

目次

言動の章

ギャップの章

mou chotto de
ayauku koi suru
tokoro datta.

なんか
の章

冷めた
の章

親切・好意の章

カバー・本文イラスト　紙魚丸　ブックデザイン　野条友史（buku）

mou chotto de
ayauku koi suru
tokoro datta.
言動
の章

どんぐり

投稿者　み饅

友達と歩いてお散歩していてどんぐりが降ってきた時。友達が「ほかほかのどんぐりだ……」って言ったとき、ワードセンス良すぎて好きになっちゃいそうでした。

COMMENT ワードセンスも素晴らしいし、なにより「どんぐりが落ちてきた」って事象にコメントしていることがもう超良い。

知ってるよ

投稿者　男子校生

電車で同級生と帰っていたとき。隣でその子が寝ちゃったのか、肩に頭を乗せてきた。くすぐったく思いつつもスマホを見ていたけど、その子が降りる駅が近づいてきたので「もう着くよ」と声をかけたら、「知ってるよ」って頭を乗せたまま言ってきた。同級生だからなんとか我慢できました。

ドリル

投稿者　ぶん投げタチウオ

COMMENT なんで我慢したんだ。

大学時代から仲のいい女友達の話です。趣味が合い、遊んだり酒を飲んだりを当時から変わらずしているのですが、前に日帰り温泉へいった際に『女子ってなんで風呂上がりにめっちゃいい匂いするんだろうな』と、いつものノリなら鼻で笑われるであろうことを冗談っぽく言ったところ『え、そう?うりうり〜』と頭で腹にドリルをかまされました。

あまりの出来事に脳がフリーズしかけたのを今でも覚えています。あの瞬間はほんっっとうにヤバかった。しかしだからどうという話もなく、今でもたまに飲みにいってはオタク話に花を咲かせる友達です。

COMMENT なんでどうという話でもないんだよ!!　どうにかなっててくれよ!!

もうちょっとで
危《あや》うく恋するところだった

短歌

投稿者　苺蜂子

短歌の授業中、クラス一のイケメン君（声も最高）が自作の恋愛短歌を前に出て読み上げている時、正面に座っていた為めちゃくちゃ目が合っていた。私に向けた詩かと思いかけた。

COMMENT 誓って悪口ではないので気を悪くしないでほしいのですが、なんておめでたいんだ。最高だ。

ライバル

投稿者　とっとこでんじろう

中学生の時、三年間同じクラスだった女の子がいました。その子は定期テストの度に点数で勝負を挑んできて、大概自分に惨敗して悔しがり、たまに勝てるとめちゃめちゃ喜んで調子に乗って煽ってきて、「一教科しか勝ってないじゃん！」と周りに突っ込まれるノリがお決まりになっていました。

彼女はクラスの中心人物だったのでたまに話すくらいでそれ以上の関わりは無く、イケイケのヤンキー彼氏がいることも知っていたので恋にはなりませんでした。

しかし、卒業式でもらった寄せ書きに「高校では負けないからね！　永遠のライバルより」と書いてあった時は危なかったです。

高校ではクラスが離れて一度も話しませんでした。

COMMENT 他人の思い出なのに読んでいてのたうちまわりそうになってしまった。イケイケヤンキー彼氏がいたってのがまた、胸にくるものがある。

おっぱい

無記名

めっちゃおっぱい押し付けてくる。友達の彼女って知らなかったら好きになってた。

COMMENT 本当に偉い。よく耐えた。

世界の終わり

投稿者　安藤 拓海

高校の頃、みんな帰って話したこともない女の子と二人だけになり、赤く日が照らす教室の中で「なんか世界の終わりみたいだね」と言われたとき。

COMMENT 話したこともない女の子との初会話がこれ!?　ギャルゲーじゃなくて!?　現実で!?

落書き

投稿者　モグラ

授業中に隣の女子とノートの端を使って五目並べをしていて、負けた僕の手の甲にその子がペンで「×」と書いて得意げに笑ってたのがヤバかった。高校三年間ずっとクラス同じだったのに結局何もなかった。

COMMENT 読んでいて恋しそうになってきた。でもこれはもはや恋とは別の、何か極まっている関係の一つかもしれない。

奪いました

無記名

今まで話したこと無かった会社の後輩女子が、突然僕の食べてたバームクーヘンを食べてきた。

なんでそんなことするのか聞いたら「友達になろうと思ったからお菓子を奪いました」と言われた時、不思議とちょっとキュンとしちゃった。

その後ずっとお菓子は食べられ続けたし、なんならご飯も食べられたので正気に戻った。

なんやかんや友達にはなった。

COMMENT あつかましいのに敬語なのがなんか良い。その人はずっとそうやって友達を作ってきたんだろうな。実際友達にはなれているところを見ると、有効なんだろうな……。

もうちょっとで
危うく恋する
ところだった

力

無記名

新卒の頃職場に優しくて可愛いけど本人いわく「力が強いのがコンプレックス」という先輩がいました。
面倒見もよく、先輩としてずっと好きだったのですが、ある日の昼休みに折れたプラスチックのスプーンを持ちながら「袋を開けようとしたら壊しちゃった……」とあたふたしている先輩を見た時は、今までとは違う意味で動悸がしました。

COMMENT **パワーキャラの可愛さの教科書みたいなエピソードで最高。**

笑い方

投稿者　ド・モルガン

色々あって三年ぶりに会った塾の先生（男）に「変わったね〜、一瞬誰だかわかんなかったわ」と言われ、（まあ髪も染めたしメイクも覚えたしな…）と思いながら他愛もない話をしていたら、登っていた階段の踊り場で突然くるっと振り向かれ、「いや、でも笑い方は変わんないいな」と言われた時。

ゴリッゴリの既婚者だったので耐えた。

COMMENT たしかに笑い方ってめちゃめちゃ個性出るところだけど普段意識しないしな。死角から殴られたようなエピソード。

ブックオフ

投稿者　マーメイド親方

中二の夏。暇でほぼ毎日ブックオフへ立ち読みしに行っていたら、高頻度でひとつ年上の幼なじみも居ることに気づいていたけれど話しかけはしなかった。

ある時お店を出る時のタイミングが重なって「ほぼ毎日来てましたよね？　受験生なのに～！」と声掛けたら「私もお前が居ること、気づいてたからね？」と笑われた時、胸がギュウンとなりました。

COMMENT　ア～～話しかけるでもないけど「あいつ今日もいるな」ってお互いに意識している程度の関係良いな～。その後そこから一歩だけ進んだ話がまた良い。

揺れ

無記名

かなり揺れている電車内、人が多くてつり革に掴まれずふらふらしていた友人に「掴まっていい？」と聞かれたので「いいよ」と答えたところ、遠慮がちに服の端をきゅ……と握られた。

それじゃこの揺れに耐えられないだろと思ったけど、愛おしさのほうが圧勝して何も言えなかった。

COMMENT　手や腕をギューでもかなり危ないけど、この奥ゆかしさからしか得られないキュンキュンもあるな。

体育

投稿者　モーリシャス

クラスの大人しい女の子がソフトボールの授業で球を打った時、先生からバットはそっと置けと指示があったのにバットを投げ捨てて走りだしたこと。

あと授業の始めのラジオ体操をそこまで真面目にやってなかったこと。

COMMENT 良い。ちょっと想像するだけでキュンキュンくる。

楽しいですよ

投稿者　山

塾で週に1回、数人で班を組んで話す時間というのがありました。

仲が良い男の子が同じ班だったので、私は毎週彼と話すのがひそかな楽しみになっていました。ですが、彼は私が話しているときも、相槌を打つくらいなので、私は話すの楽しいけど、うるせえやつだなと思われていたら嫌だなあと考えていました。

ある日、いつものように彼と話していたら、塾の先生が、おそらく嫌味で「楽しそうだな〜」と話しかけてきました。そうしたら、間髪入れずに彼が「楽しいですよ」と返してくれて、ね？　とこっちに目を向けたときに、恋に落ちるかと思いました。

その後とくに彼とはなんともなく、班は学年が上がった際に再編成されたので関わりは少なくなってしまいましたが、ときどき思い出して、あの時は危なかったなあと考えています。

COMMENT ね？　が危ないよね。「当然あなたも楽しいよね」と思ってくれてるのが。

どうせ

投稿者　ハピジャム

高三の頃予備校に通っていたのですが、私は物理がとんでもなく苦手だったため、いつも一番下のクラスを受講していました。

そのクラスを担当する先生（推定30代男性）の声がよく、それだけでもちょっと良かったのですが、受験シーズンになるにつれてなぜかその先生の対応が優しくなっていくことに疑問を覚えていました。（受験シーズンになると熱が入って厳しい指導になる先生が多かったので）

あるとき話の流れでその理由を聞くと、「あなた達に難しい話をしてもわからないんだから厳しくする必要ないよね、どうせ来年も予備校いるんでしょ？」と、暗に浪人を示唆する発言をされ、ドMだった私はバチバチに興奮しました。

そのあと何故か第一志望校に受かったので翌年も予備校に通う必要はなくなり、会わなくなったので恋までは至りませんでした。

COMMENT こういうドMの人特有のエピソードめちゃめちゃ好きだな。

バランス

投稿者　芋けんぴ

中三の時、模試の会場でペットボトルをおでこに乗せてバランスをとっている女の子を見たとき、「行動が可愛いな……」と恋に落ちかけました。

友達も「それはたしかに可愛いね」と共感してくれました。

COMMENT それはたしかに可愛い。

エロ

ホテルの式場バイトを始めた頃、メガネで一つ縛りの地味な感じの先輩がいた。

投稿者　結局パワハラで辞めた

ある結婚式の後、会場同士を仕切る天井から吊り下がった板を手押しで片付けていると、他の肉体労働を終えたその先輩が駆け寄って手伝ってくれました。

先輩は顔を火照らせながら「はやく奥まで入れて！」といい僕が「勢いよく入れます（気をつけ

て）！」といった後、（今のやり取りなんかエロかった…）と思っていたら先輩が振り向いて無言でニヤッと笑いかけて来たので、普段の地味な感じから考えられないエロさを感じて危うく恋に落ちそうでした。

もっとエロい雰囲気の先輩が居たので恋には落ちませんでした。

COMMENT でもあんまエロくない人の不意に見せるエロさって普段からエロい人のエロさを瞬間的に超えない？

かわいそうに

投稿者　ウェンケバッハ2型

コンビニでホットスナックコーナーの前に唐揚げが一個落ちているのを見つけ、女性店員さんに伝えた。

店員さんはすぐに拾いに行ったが、拾いながら言ったのが「ご協力ありがとうございます」や「もったいないなぁ」などではなく、「かわいそうに～」だった。

ぶっちゃけ見た目は全然好みではなく、街ですれ違っても目で追うこともないだろう人のはずが、その瞬間俺の好みが「命なきものにも優しさを忘れない人」に確定した。

そのコンビニはよく使うから恋しちゃうと支障がでるため、天井を仰いでこらえた。

COMMENT 落ちた唐揚げをあわれんでいる人、たしかに可愛いかもしれない。

財布

投稿者　長財布でよかった

大学に入りたての頃。

私がズボンの後ろのポケットに財布を入れて学食の会計列に並んでいたところ、友達がそれをすーっと取り出して「男の子ってみんなそこに財布入れるよね」と言いながらくるくる弄んでいました。

ラグビー部の彼氏がいると知らなかったら危なかったです。

COMMENT 財布開けたりしたら怒るとこだろうけど、くるくる弄んでいるのを見せてくるというイタズラのラインがアーーーーーってなるな。超良い。

3秒

投稿者　危うく説立証されるとこでした

中学で斜め向かいに座ってた男子に「ねえねえ、人間って三秒以上見つめ合うと相手のこと好きになっちゃうんだって」と三秒以上目を合わ

せながら言われた時。
「今そうじゃない？」とドキドキしながら指摘したら「あっ！」といって照れていたのも可愛かったです。

COMMENT **これでその後なんともないんだから怖いよな。**

ミミズ

投稿者　意味の論理学

大学の第二外国語の授業で同じクラスだった（おそらく良い家の）女の子と、大学から駅までの夜道を歩いていたら、アスファルトの上で干からびそうになっているミミズがいた。
私は気持ち悪いなと思って通り過ぎようとしていたが、彼女はブランド物の鞄からすかさずevianのペットボトルを取り出してミミズにかけながら、「生き延びろよー」と声をかけていた。彼女はオレンジのワンピースを着ていた。

COMMENT **最高。エピソードのディテールが大変細かいのも良い。**

ギャル

投稿者　ながもん（カースト底辺）

中学時代にクラスカーストの超高いギャル女子が席替えで隣の席になってしまい、これ絶対うるさくなる奴じゃん……嫌だなぁ……と思っていたら「ウチが隣でごめんな、色々うるさいと思うけど仲良くしてな」と言われドキッとしてしまいました。

女性に対する耐性がなかった僕はその一言で心を惑わされましたが、数日後にこれまたクラスカーストの頂点に君臨する男子と付き合っている事がわかったのでなんとか正気に戻る事が出来ました。

僕は声を特大にして言いたいのですが、オタクに優しいギャルは存在します。

COMMENT これだけでオタクに優しいギャルと判断するかは置いておいて、すごく良いギャルだな……。

mou chotto de
ayauku koi suru
tokoro datta.

mou chotto de
ayauku koi suru
tokoro datta.

ギャップの章

桃

投稿者　ささちゃん

教育実習で一緒になった地味男子の家業が桃農家で、桃を育てる難しさについて度数の強い酒をあおりながら語っていたとき。

COMMENT 最高だな……とても良い酔っぱらい方だ。

ピアス

投稿者　しがない歯科助手

留学したときピアスがいっぱい耳についてる女の子がいた。

「そのピアスいいね～」と褒めたら、にこにこして「もっとあるから見せてあげる！」と家につれていかれた。

てっきりピアスの種類がたくさんある、という意味だと思っていたら、家に着いた彼女がおもむろに服を脱ぎ出した。

そして驚いている私に乳首とあそこについたピアスを見せてくれた。

あれ以上の興奮は味わったことないです。

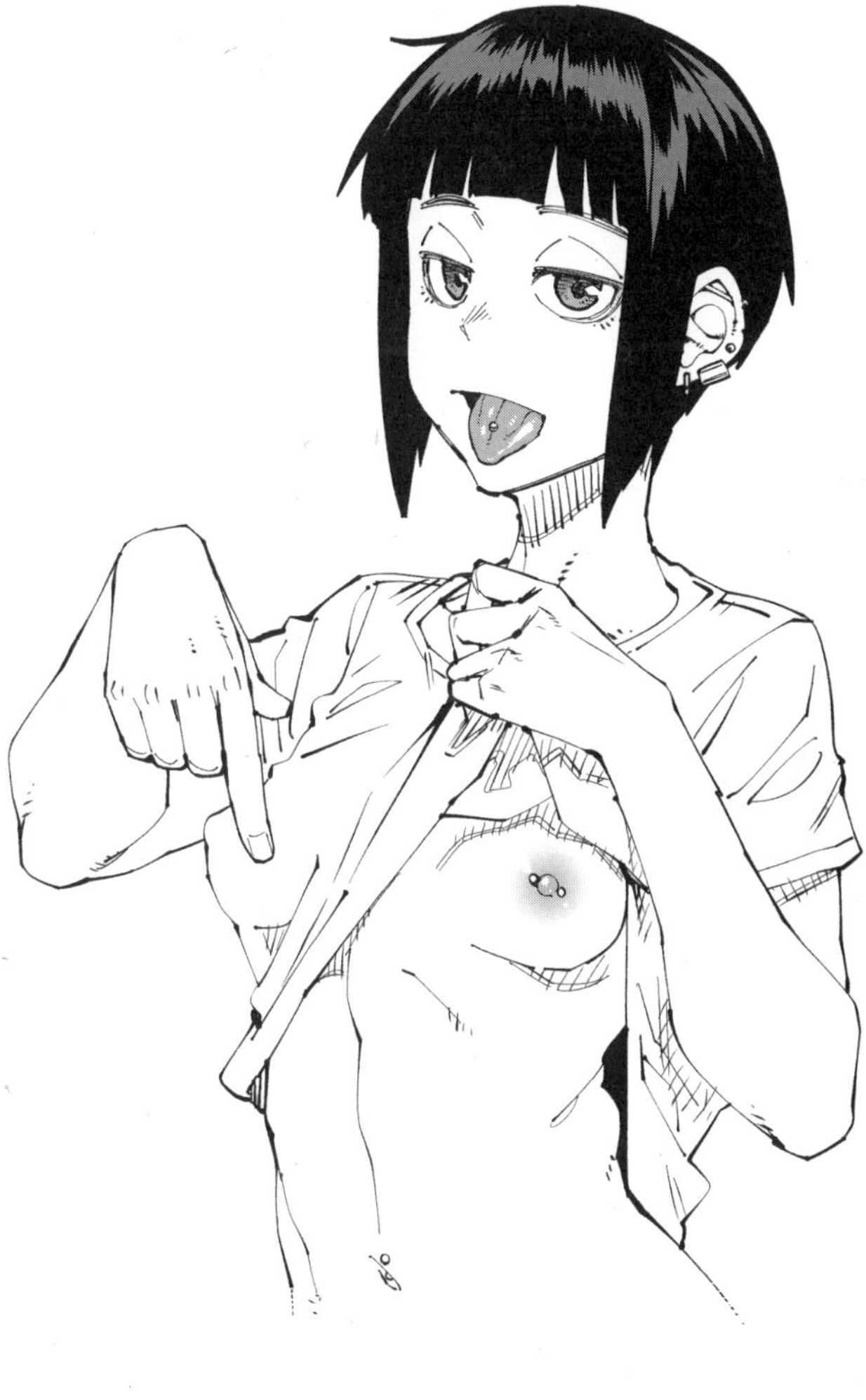

COMMENT 一番を決めようぜ～みたいな企画ではないのですが、最強の一つ。ものすごいインパクトなんだけど、エネルギーがすごすぎて恋に落ちるどころではないんだよ。こんなの自我を保つのでいっぱいいっぱいになってしまう。

音ゲー

投稿者　のま

めっちゃ言葉遣いが丁寧でお嬢様学校の具現化みたいな知り合いと音ゲーに行ったとき、めちゃめちゃガチ勢だったし、ミスったときに「お前まじふざけんなよ」って大声で叫んでた。ギャップ萌えを文字でなく心で体感できた瞬間だった。

　その後ちいかわみたいな喋り方してごまかした。今思うと紙一重。

COMMENT　ゲームで語気を荒げる淑女は最高。

お経

投稿者　いずみ

普段ちゃらんぽらんでタバコもパチンコもやめられないカスの友達が、お経をソラでよめていてギャップで危なかったです。（家が寺とかでもない）

COMMENT **こういうわけがわからないやつが読みたくてこの企画を始めたのでとても満たされている気分です。**

俺

投稿者　この木なんの木範馬刃牙

学生時代のゼミの教授（30代男性）の一人称が「私」だったのですが、一度だけ「俺」と言ってしまってから訂正していました。（ふーん……普段は意外とオラオラなんだ……）とギャップを感じたのと同時に、二次元であれば性癖ど真ん中のシチュエーションでも、いざリアルで目の当たりにするとそうでもないのだな、と思いました。瞬間最大風力はなかなかでしたが。

なで肩

COMMENT あーーーーーわざわざ訂正するのが危ないな。

投稿者　にっこり笑った犬

高校生時代の調理実習の時の出来事です。

わたしはとんでもないなで肩なのですが、ハンバーグを成形している最中にエプロンの肩紐がずり落ちてしまいました。

手が汚れていて自分ではなおせないので、同じ班の男子に「ごめん！肩紐なおしてもらってもいい？」とお願いしたら、なぜかすごいおどおどしながらなおしてくれました。

普段からムードメーカーで明るい子だったのですが、その時だけはもにょもにょして、肩紐をなおしてくれたあとも耳まで真っ赤になっていたのを見て「アッッッ！」となりました。

彼の恥ずかしポイントもよく分かりませんが、あそこまで興奮したわたしもよく分かりません。

COMMENT 俺はどちらかといえば恥ずかしがりボーイの方の気持ちがわかるけど、それはそれとして自分に対して激照れしている同級生を見たらたしかに「アッッッ！」かもしれないいな。

泣き顔

無記名

学生時代のアルバイト先がパワハラの横行している最低の飲食店だったのですが、そこでかなり幅を利かせている男性社員が居ました。かなり高圧的で苦手な社員だったのですが、ある日その社員が店長にボロクソに怒られて号泣しながら延々と謝罪をしている場面に出くわしました。

普段は高圧的な年上の成人男性が謝罪しながら号泣している姿にとてつもない興奮を覚え、バクバクと鳴っていた心臓の音、冷え性な自分の手が信じられないくらい熱くなっていたことをいまだに覚えています。

ハッとなってその場を離れましたが、苦手だった相手のはずなのに危

うく恋に落ちてしまいそうでした。（自分より身長が低かったので恋には落ちませんでした）

何年か前の話ですが、それ以降男性と交際するたびに酷く責め立てて謝らせたい・号泣させたいという欲求とそれを堪える理性との戦いが強いストレスになってしまい、恋愛が出来なくなってしまいました。

ある意味では初恋を引きずっているのかもしれないなと思う毎日です。

COMMENT **どちらかと言えば自分の欲望に気がついた瞬間のエピソードだけど、欲望と恋は切り離して考えるものでもないしな……。**

秘密

投稿者 網

真面目な同期がパチンコに600万溶かしてるのを私にだけ教えてくれたとき。

COMMENT **自分だけに秘密を教えてくれるというドキドキ感と、その内容のしょうもなさの塩梅が最高。**

もうちょっとで
危うく恋する
ところだった

電動歯ブラシ

投稿者　おもちは3つまで

中学の林間学校の夜。クラスの真面目な男の子が電源の切れた電動歯ブラシで歯を磨いている姿を見て、危うく恋に落ちそうでした。いつものお堅い感じとのギャップのせいなのでしょうか。今でも歯を磨くたびにふと思い出します。

COMMENT　一見全然共感できないけど、想像してみるとたしかに何か、くるものがある。最高だ。こういうのを読むためにこの企画やってる。

こういうのはだめだろ

無記名

中学生のとき、半年ぐらい席替えの奇跡で席が近かったお調子者の男子がいた。

趣味も合ったのでよくゲラゲラ笑いながら普通に友達として過ごしていたのだけど、ある日授業前に他のお調子者たちが教室のドアに黒板消しを挟むトラップを仕掛けようとしていたとき、無言で席を立ってそれを止めて「こういうのはだめだろ」って真剣に言っていたのを見て、声出そうになった。

他の女子もみんなドキドキしたという話を聞いて「これは恋ではなく女子の生理現象のようなものなんだ……！」と思いこむことでギリ耐えた。

COMMENT 声出そうになったというのが良いな。理屈としてはジェットコースターで声が出ちゃうのと近いのかもしれない。

クソでかい

投稿者　風がつよい

おとなしめで礼儀正しい後輩の女の子がさらっと「このクソでかい箱」と言っていてギャップでちょっとテンションがあがった。

COMMENT わかる。ちょっとテンション上がる。

黙っとけよ

投稿者　とも

小中と同じ学校で互いに大嫌いだった真面目系女子が普段髪で隠しているピアスを見つけてしまい「せんせーには黙っとけよ……」と言われた時。

ギャップで恋しそうになったが元の嫌いさが勝った。

COMMENT お互い大嫌いとまで言ってる間柄でも、ギャップの力の前では恋手前くらいまでぐらつく。

解剖

投稿者　めかくれ

同じ班になったちっちゃめの可愛いメガネ女子が生物の授業でデッッッカいウシガエルを解剖してたとき。

COMMENT わかる。恋しかけそうになる。

喫煙

投稿者　アニー

20歳になった直後ぐらいの話。

大学の友人数名での飲み会中、お客さんが多く酸素薄い感じだったので、ひとりで一旦外の空気を吸いにゆくことに。その後少し時間差で友人（ばりかわいい）が外に出てきて、「タバコ吸いにきてん！」と。その時点までその子がタバコ吸ってるなんて知らなかったし、喫煙者の女の子が少ない大学だったのでギャップに萌えた。

さらに「そーいやハタチなったとこやん！　吸ってみる？」と、その子が吸っている途中のタバコを手渡され自分も初喫煙。身も心も酸欠になりかけた。

結局その後何もなかったが、それが影響で喫煙者になり今めちゃくちゃヘビースモーカー。

COMMENT 恋心とは別だけど、同等かそれ以上の影響を植え付けられているようなエピソードいいよね。あとタバコ吸い始めたきっかけの話って面白いな。

投稿者　禁煙できた？

泣きそう

20歳のとき。いつも無口で強面な職場の先輩が上司から理不尽に怒鳴られている場面に遭遇した。そのあと喫煙所でその先輩と二人になったので「大丈夫ですか？」と声を掛けると、少し笑って「泣きそう」と返ってきたこと。

弱ってるときだけ笑うんだ……と、今思い出してもため息が出るくらいのダメージを受けました。

COMMENT 魅力的なキャラクターしてやがる……。

怖かった

無記名

小学校の頃、男子二人が殴り合いレベルの喧嘩をしたことがありました。

すぐに他の生徒が先生を呼んできて騒動は収まったのですが、全く喧嘩に関与していない男子が泣き出して、普段やんちゃっぽい子だったのにポロポロ涙をこぼしながら「怖かった……」って呟いててすんごいグラッときました。

COMMENT 小学生にしてこれにグラッとくる感性を持っているのがなかなか。

貢ぎ

投稿者　小指芋虫

私は自他ともに認める結構な貢ぎ癖があり、推しに対してはもちろん、友達にも貢ぎまくるので、もしや一般的にあまり良くないとされているのでは？　という事で悩んでいました。

高校の時、しっかりもので発言がいつも控えめな友達に相談すると「人に使いすぎるのも良くない、自分にも使え」と言われ、理由込みで納得していると、話の終わりに「じゃあもう貢いでくれないの？」と微笑まれた。

いつもの彼女とのギャップに狼狽え、感情が分からくなりデカめの声で「ウワーーー！！」と叫びました。

恋しかけましたが駄目にされる……と一瞬で感情を押さえつけました。危なかったです。今でも仲良しです。

COMMENT　デカめの声で叫んだというのが良いな。耐えられてなさが伝わってきて。

くすぐり

投稿者　はしっこぐらし

高校の部活の先輩に、普段は寡黙で無表情なクール系のイケメン女子がいた。その先輩が他の先輩達からくすぐり攻撃をされ、顔を真っ赤にして体育館の真ん中でうずくまってる姿を見てから私の頭はおかしくなったと思います。

というか、あの場にいた後輩は皆狂いました。恋には落ちなかったけど私の中の何かは捻曲がりました。以上です。

COMMENT　落ちた先がたまたま恋じゃなかっただけで、とても深いところには落とされている。

塞がりかけ

投稿者　ごみ

真面目で誠実な同僚の耳に塞がりかけのピアスホールがあるのを見つけた時

COMMENT 「塞がりかけ」というのがポイントだな。

焼き海老

投稿者　こげなもん

大学生の頃にゼミの皆で飲みに行ったとき、秋田出身の色白な子が焼き海老を頭からバリバリ食べてるのを見てあまりのギャップに死にそうになりました。

COMMENT こういうギャップがあるワイルドさってキュンキュンしちゃう。

1リットル

無記名

高校のとき、物静かで大人っぽい雰囲気の剣道部の男の子が、1リットルのパックの緑茶にストローを刺して飲んでいるのを見たとき。

COMMENT どう良いのか説明しにくいけどめちゃめちゃ良いです。

クシャミ

無記名

無愛想で全然笑わない先輩が、私のクシャミでやたら良い笑顔をしたとき結構危なかったです。

COMMENT 自分だけに見せてくれる笑顔だ。

リュックサック

ゲスト寄稿　ニャロメロン

大好きなアイドルアニメ専門店の中を物色してたら
可愛らしい女性店員がなにやら興奮気味に話しかけてきました
どうやら自分が背負っていた当時マイナーだった大好きな海外アニメのリュックサックを知っていたらしく
そのアニメの良いところを数分間二人で語り合いました
大好きなアニメの専門店の中で更に別のジャンルの大好きなアニメを可愛らしい女性と語り合えた経験が夢みたいで
オタクのキャバクラみたいだったなと思いつつも、めっちゃドキドキした
女性経験ないオタクにそういうのやめて欲しい

COMMENT 店員側も声をかけずにはいられないくらいテンション上がったんだろうな……いいな、幸せな人間しかいない空間だ。

ゲスト寄稿
～ニャロメロン～

PROFILE　ニャロメロン

漫画家、特に4コマを描いていることが多い。夜中に目が覚めたら手のひらにヤモリが乗っており心底ビビったことがある。

mou chotto de
ayauku koi suru
tokoro datta.

なんかの章

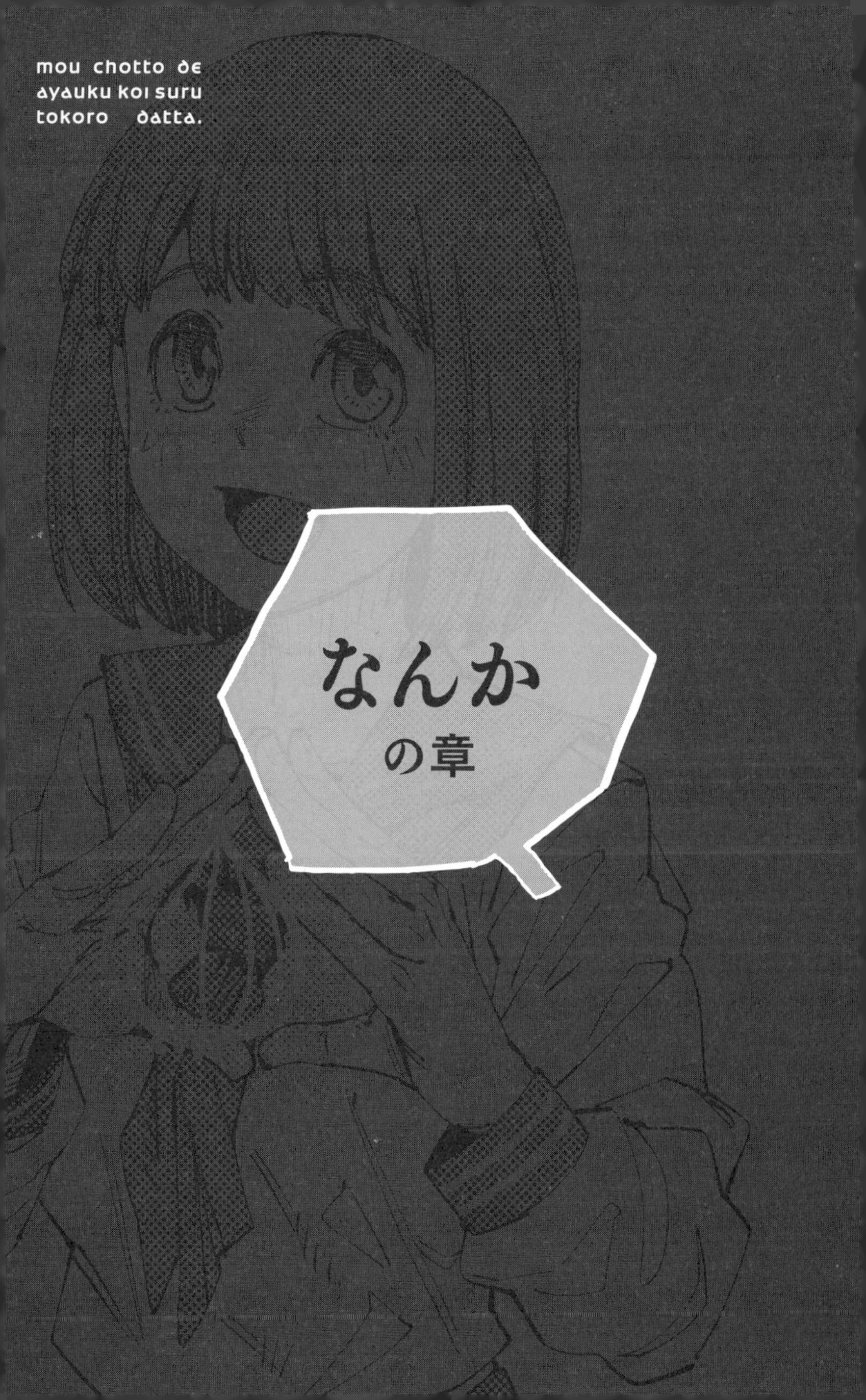
mou chotto de
ayauku koi suru
tokoro datta.

煙草の香り

無記名

高校の時に仲良くしていた、顔がカッコいい愛想のいいお兄さんから煙草の香りがした瞬間に反射で「危ねーーーー!!!!!」と思いました。

完全に理性だけで好きになることを阻止したのですが、こういうエピソードで合ってますか？

COMMENT 完全に合ってます。投稿の例文にしたいくらい完璧。めちゃめちゃ良い。

ズル休み

投稿者　崇拝

なんにも特別な感情を持ってなかった男友達から急にＬＩＮＥがきた。どうせいつものしょうもない煽りだろうと思ったら､「最近人間関係や部活で嫌なことが重なって生きてるのが嫌になった。二人で学校ズル休みして遊んじゃおう」との提案だった。

私なら一緒に休んでくれると思ったらしい。危うく恋に落ちかけた。

COMMENT
「こいつなら一緒にズル休みしてくれそう」って信頼、嬉しすぎる。

秘密基地

投稿者　村田

仕事の空き時間に20年くらい使われていないという資料室のドアが少し開いていた。興味本位で中を覗いたところ、私の教育係をやってくれた先輩が年代物の革張りソファでくつろいで（サボって）いた。

「いいでしょ、ここ。秘密基地」と笑いかけられた瞬間に好きになりか

もうちょっとで危うく恋するところだった

けた。
もしそこで一緒にサボっていたらその時間で完全に好きになっていたと思う。

COMMENT 教育係の先輩とか革張りのソファとか、エピソードの構成要素が全部良いな……。

集合

無記名

「13時新宿集合」とだけ約束して、約束の時間に新宿のどこだよと知らね〜と思いながら立ち読みしに新宿紀伊国屋の漫画コーナーいったらいたとき。運命かと思うところだった。

COMMENT 最高。この後べつに恋はしてないのも最高。

掃除当番

投稿者　れいど

高校三年の秋頃。放課後の掃除当番の担当場所が一緒になった女子と二人きりで、ほうきで掃いて最後にその女子がちりとりを持って、自分がそのちりとりに集まったほこりを入れる……という日々が二週間続いた結果、特に仲良い訳でもなく多少の世間話するくらいだったその女子のことがなんかすごい好きになった気がした。

二週間後別々の当番場所になったら全然そんなことはなく、何もないまま卒業した。

COMMENT めっちゃめちゃ好きだなこのエピソード。何も起こってないような気もするし、もう十分すぎるほど事が起こっている気もするな。良すぎて頭が痛くなってきたな。

いい名前

投稿者　吉野ヶ里遺跡

宅急便のお兄さんに下の名前の読み方を聞かれました。

読める人は読めるけど、読めない人は読めないだろうなーという微妙なあれなので普通に読み方を教えたら「いい名前ですね」と笑いかけら

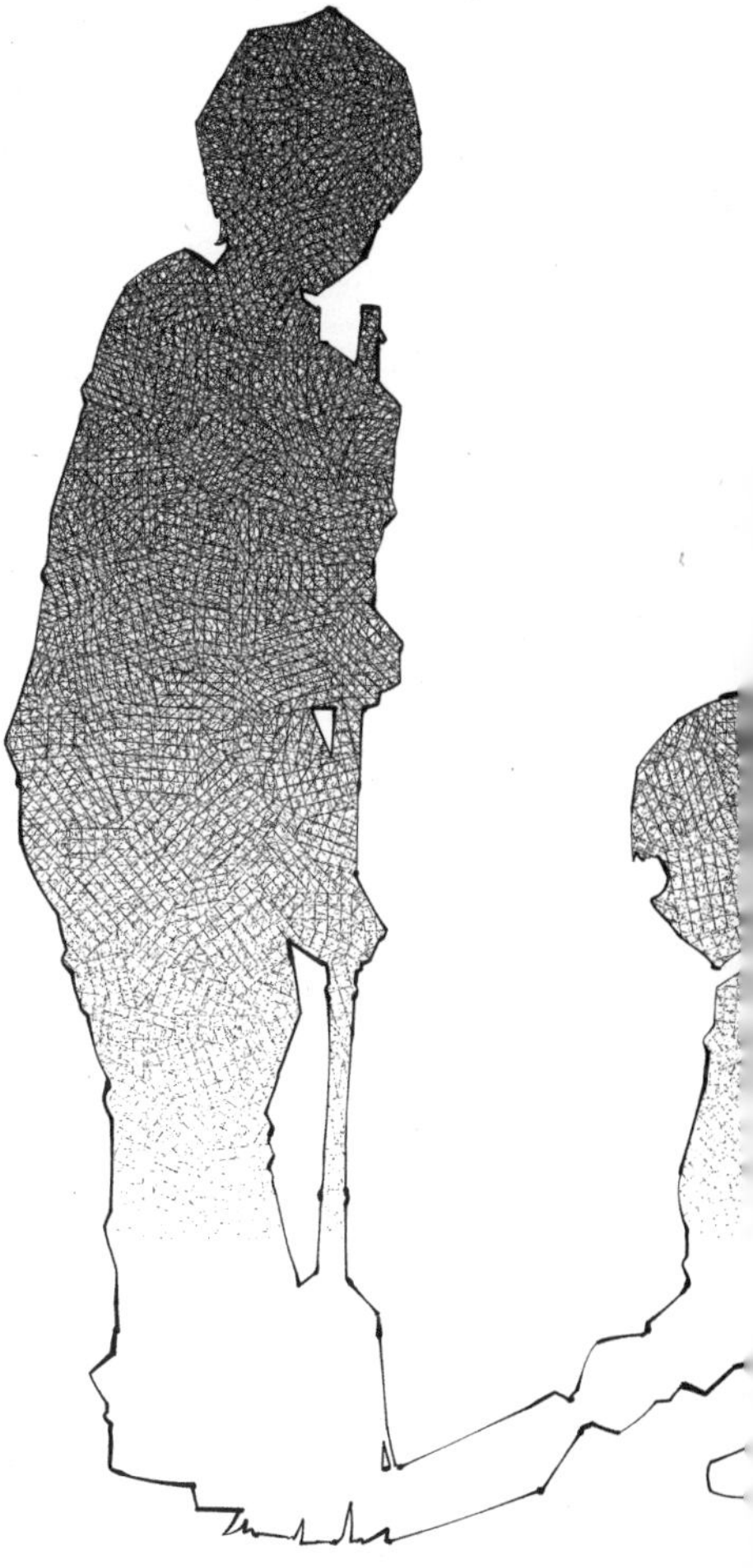

れました。

びっくりしすぎて「ありがとうございます」しか言えなかったんですけど、連絡先渡しておけば良かったたな。

COMMENT 褒めの不意打ちって危ないよね。恋しそうになるよね。

お爺ちゃん先生

投稿者　合格したのち一留

美術予備校で美大受験を頑張ってた頃の話です。

すごく物腰が柔らかで「もう手が震えてまっすぐ描けないな〜」と言いながらフリーハンドでめちゃくちゃ綺麗な直線を描くぐらいのお爺ちゃん先生が、近くまで私の絵を指導しに来た時。ふわっと煙草の香りがして性癖がひん曲がる音がした気がしました。

その時の絵はあまり出来が良くなく、めちゃくちゃ指導されました。


COMMENT「ふわっと」というのが大事だよな。

歩き方

投稿者　トキワ

高校の入学式で移動してる時に、前の方にいた子の歩き方が中学の時ちょっと好きだった友達と本当に同じだったとき。仲良くはなった。

COMMENT 「歩き方覚えちゃう程には好きだった人の歩き方」されたらたしかにちょっといい。

玉ねぎ

投稿者　おひゃひみ

高校一年の入りたての頃、隣の席の人と自己紹介をしましょうという時間があった。隣の席の女子（初対面）に「将来やりたい事ある？」と聞いてみたら、「玉ねぎで自分の部屋をいっぱいにしてみたい！　目が痛くて寝れなかったりするのかな〜？」と言われた。

その時咄嗟に「よくわかんないけど良いと思うよ！」と言ったら、「でしょでしょ〜！」と返され、よくわからなかったがとにかく可愛くて危

もうちょっとで危うく恋するところだった

うく堕とされる所だった。
高校を卒業したらその女子とはもう話さなくなったが、たまに思い出しては玉ねぎで部屋をいっぱいに出来たのかな……と思っている。

COMMENT 「将来やりたいこと」で職業でも進路でもなんでもない、マジでただ興味があるだけのこと言われるのキュンキュンくる。

歴史

投稿者　三拍子

歴史の授業で男尊女卑の思想が強かった時代の話を聞いた時、隣の席の男子が「俺だったらそんなことさせないのにな」って呟いていて危なかった。

COMMENT 王になって国を治めてくれ。

色

投稿者　勇魚

小学校の頃、「自分の〝色〟が何色か考えてみよう」みたいな授業があった時、同じ班の男の子に「〇〇ちゃんは虹色って感じがする」と言われた。それからしばらく意識してた。

座り派

投稿者　座りション人

少し年下の女の子に好きなタイプを聞いたら「トイレ座ってする人」と返ってきたとき。

「俺のことだ……」と思った。

COMMENT どういう意味なのかはわからないけど、なんか特別な枠ではあるな。

COMMENT その女の子の人生で何があったんだろうな。

帰り道

投稿者　naimono.

中学生の頃に、部活が同じで家の方向が同じだからという理由で結構な頻度で途中まで一緒に帰っていた女子がいた。（当方男子です）

記憶が弱いので詳しくは覚えていないが、その日は友達と話していたか何かでその女子が先に帰って、自分はそのあと一人で帰ったのだが、なんとなく隣に誰もいない喪失感に駆られて、帰り道に追いつこうと全力で走ったことがある。

追いつけなかったしその後はお互い普通だったし、その女子はいつの間にか転校していた。

COMMENT これ、もしも追いつけてたら……と思うとたまらないな。

あの電車

投稿者　神の左手悪魔の右手

高校時代軽音楽部だったのですが、自分より二つ下の後輩の女の子とたまたま電車で二人きりで帰るタイミングがあり、二人きりで話すのは初めてだったんですが妙に盛り上がりました。

その後べつに一緒に帰ることもなく、二人で帰ったのはそれきりだったのですが、僕が軽音楽部を引退する日に寄せ書きを貰いました。件の後輩より仲の良かった後輩たちのメッセージに押されるように、隅っこに「あの電車にずっと乗っていたかったです」とだけ書かれているのを見た時、〝あの電車〟が僕と彼女の中で口には出さないけど共通認識になっていたと気づいて胸がキュッッッとなりました。

COMMENT これで恋してないのムカついてきたな。

オリキャラ

投稿者　前髪素麺ちゅるちゅるちゅるちゅるちゅる

よく中学でオリキャラを描いていたのですが、新しく作った子を描いていたとき友人に「これ雰囲気（クラスの女の子）に似てね？」と言われその子にしか見えなくなり、趣味を詰めたオリキャラがその女の子に似ていたのでその子がバチクソ自分の趣味なんだと発覚しました。

家で悶えた後、次元がちがうので恋には発展しませんでした。

COMMENT 「〇〇さん」としてしか見てなかったものを属性に分解すると途端にツボに刺さりまくるってあるかもしれない。

男の子

無記名

ついこの間、バイト先でダンボールに入った入荷品の荷降ろしをしていたときのちょっとした出来事でした。

私はダンボールを持ち特に何も考えず後ろを振り返ると、おしりに何かが軽く当たってしまったような感覚が。そしてそれとほぼ同時に私より3つ上の大学生の先輩の声で「すみませんっ」という言葉が聞こえたので、ああ先輩の手に当たったんだなと察知しこちらこそと謝り返しながら先輩の顔を見たところ、先輩はマスク越しにでも分かるほど顔を赤くしていました。

普段、その先輩に対しては落ち着いた大人っぽさがありつつもふわふわした雰囲気のあるかわいい人だなという印象を持っていたのでその瞬間、「この人も『男の子』なんだな」とか「もう大学生なのにこんなにピュアな人っているんだ」とかそういうことを考え心の内側がまるで沸騰したかのような感覚に襲われました。

私は高校生になった今でも誰かに恋をした事がなく、その体験を通した今でも誰かに恋をするという気持ちがよくわからないので多分あの瞬間も恋に落ちてはいませんでしたが、少なくとも初劣情を抱いたのはあの瞬間です。（これがもしも恋でしたらすみません）

COMMENT 最後に添えられた「これがもしも恋でしたらすみません」という一文があまりにも良い。「少なくとも劣情ではある」という考察も良い。

猫

投稿者　あさぼらけ

学校で仲が良かった同期の女子とＬＩＮＥで他愛のない会話をしている時、急に犬派か猫派の話になり、

「俺は猫派かな〜」

と答えたら、それに対する返信が
「にゃ〜ん」

だった時、マジで恋するかと思った。

返信に30分くらい要した。

COMMENT 30分悶え苦しんだ末になんて返信したのか気になる。

雑魚じゃん

投稿者　クソ雑魚

男子校に通っていたとき数人でポッキーゲームする流れになって、その中の1人とキスをした。それ自体はべつに何も思わなかったけど、そのあとそいつと

2人になったとき「あれ初めてだった?」って訊かれたから「うん」って言ったら、「雑魚じゃん」って謎に罵られて、その言い方と表情がめちゃくちゃ良くて好きになりかけたことがあります。

COMMENT 異文化の話すぎて面白い。最高。男子校の変な文化とそいつの独特な感性が合わさって妙な化学反応が起きている。

4の字固め

投稿者　オタク3号

幼稚園の頃からの異性の幼馴染みがいたのですが、中学のときに一気に仲良くなりました。

その子は所謂いじられキャラで、ちょっと小突いたりいたずらをするとちょっと大げさに怒ってくれるのが楽しくて、よくちょっかいを出していました。

ある日の休み時間。いつも通りその子が小説を読んでいるところにちょっかいをかけようと近づいて、無意識に後ろから抱きしめていました。

あっコレ周りから見たらやばいなと思ったので速やかに4の字固めに移行したことで事なきを得ましたが、自分がなんであんな風に抱きしめてしまったのかとか、彼の体が思っていたより大きかったこととか、色々考えて少しのあいだソワソワしていました。

大好きな友達の領域は出ませんでしたし、相手も私に好意を抱かれたら困ってしまったと思います。

その子は若というあだ名でした。あんときはごめんな若。

COMMENT 中学という自意識がバリバリ芽生えてくる時期だからこその照れ隠し4の字固め、めちゃめちゃ可愛い。ただ周りから見たら4の字固めでも十分ヤバかったと思う。

すごく仲良い

投稿者　切り餅

中学生のころ、その時はまだ誰も読んでいなかったような分厚いラノべを読んでるのがクラスで2人だけだった時。

中二から中三の卒業まで本の貸し借りをしてたし、休み時間の度に感想言い合ってたし、夏休み一緒にご飯食べにも行ったけど当時の私はアホアホだったので「すごく仲良い!!!!!!!!」以上の感情にならなかった。

高校は別々だったのでそれ以来会っていない。

もし相手から告白されてたら感情表現の上限が解放されて恋してたんだろうな〜! と思う。薄氷の上の日常だった。

COMMENT **良いな〜〜〜〜アホアホすぎて恋なんて思いつきもしなかったやつが「今思えば恋してたかもしれんな」と思ってる現状が良いな。**

目標

投稿者　デスウンティモス

小学五年生の時、給食を貰おうと列に並んで待っていた時。

仲良かった女子が後ろに並んできて、背中に手を当てながら「君の身長を目標にしてたのに気づいたら追いつけなくなっちゃった」って急に言ってきたので狂いそうになった。友達がその女子のことが好きなのを知らなかったら致命傷だった。耐えれて偉い。

因みにその日精通した。

COMMENT 精通することで一緒になんらかのエネルギーが抜けて命拾いしたんだろうな……。

非常階段

投稿者　チビ

理系限界大学院時代、ある日先輩がなぜか外の非常階段（普通は人が立ち入らない）からひょっこり出てきたので、驚いて何をしているのか聞くと、「ここ、すごく良いと思わない？」と、室外機の裏のちょうど誰からも死角になるスペースを紹介されました。

それからも何度か先輩は探すとそこにいて、「ここで夏にぼーっとしながらガリガリ君を食べんのが最高なんだよ」「俺が卒業したらこの場所受け継いでいいよ」などと言われ、そこから見える景色と先輩のなんだか

もうちょっとで
危うく恋する
ところだった

気だるげで薄幸な雰囲気とが相まって、ちょっと恋しそうになりました。
その後先輩は普通に卒業したし、私は研究室をバックレて中退しました。

COMMENT 情景が良すぎて恋しそうになってくるな。本当に「ちょっと恋しそう」という言葉がぴったりだ。その後の清々しいほどの何もなさも爽やかで良い。

頑張り屋さん

投稿者　みたけぽん

小学生四年生だった頃の話です。前の席の女の子と仲が良く結構話していたのですが、ある日その子が「手の平の付け根の部分を押すと点々が何個か見えるでしょ？　その点々の数が将来できる子供の数なんだって」と教えてくれたので一緒にやったところ、彼女は二個、僕は五個出ました。

僕の手の腕に五個の点が浮かび上がると彼女に「頑張り屋さんなんだね」と小さい声で言われ、何か胸の中で恥ずかしいような感情が浮かんだことだけ覚えています。

COMMENT 味わい深すぎてずっと頭の中で反芻しちゃう文。

投稿者　殺戮シンドローム

コピー能力

女友達の好きなカービィのコピー能力がバックドロップだったと判明した時。

COMMENT 最高。

投稿者　シギ

背骨

中学生の頃、同じクラスの人がノートいっぱいに四角が縦に連なったものを雑に書いていてそれの横に「背骨」と大きく書いていて面白くてなんかすごく良かったです。

COMMENT ここの「なんかすごく良かった」のちょっと先にあるのが恋なのかはわからないけど良い。

静電気

投稿者　キモベビ

文化祭の劇の背景を塗るときに教室の床にブルーシートを敷いていたのを二人がかりで畳んでいると、端と端を合わせるときに静電気が走り、恋の稲妻と錯覚した。

COMMENT めちゃめちゃ良い。恋の衝撃を雷に例えることはよくあるし、恋しかけは静電気くらいかもしれない。

超善人

投稿者　地魚御膳

クラスの男子が私物の文房具を全部人に貸して鉛筆しか戻ってこなかったとき。

超善人な学級委員長が文化祭準備や当日にペンやはさみや定規を全部貸してしまい、（出し物が謎解き脱出ゲームだったので大量にペンが必要だった）お

もうちょっとで危うく恋するところだった

客さんが落としたり持って帰ったりで最終日にはほぼ無くなっていました。

本人がいい人すぎて気を使わないようにと文化祭費で買った備品と言って貸していたので、皆大して気にもせず謝りもせず。私ももちろん知りませんでしたが、誰も入りたがらない文化祭最終時間のシフトに二人で入っていた時（私はそこしか都合が合わず、彼は空いたシフト全てを善意でこなしていた）、普段朗らかな彼の口数が少なく理由を聞き出したところ判明。「仕方ないけど、この鉛筆は帰ってきたしいいか」と太宰府天満宮の刻印入りの鉛筆一本を握る彼の哀愁と善人っぷり、そして普段予備の文房具まできっちり詰まったペンケースのへにょへにょさに危うくおかしくなるところでした。

唯一残った鉛筆は高校受験で家族にもらったものの余りだったそうです。

COMMENT **そいつ絶対幸せになってほしい。**

遠回り

投稿者　ワッセント＝チ

当方が中学生男子だった頃、自転車に乗って帰宅中に街中で小学校の時の同級生女子とバッタリ再会しました。
その子も家に帰るところだったので自転車を押して歩きながらおしゃべりをしていると家の方向が分かれる道まで来てしまい、折角だしもう少しおしゃべりしていたいと思ったので「ちょっと遠回りだけど家まで送るよ」と自分が言うと「えっ、嬉しい」と笑顔で返されて、その笑顔が思ったより可愛かったのと、自分のこんな事で喜んでもらえるのかと思ったら恋しそうになりました。その後は特に何も進展はありません。

COMMENT「思ったより可愛かった」というのに色々な気持ちが含まれていてめちゃめちゃ良い。

放課後

投稿者　寿司焼肉

中学生のとき。登校したら同じクラスの男子に「帰りにちょっと話せる？」と言われて何を勘違いしたのか「告白される！！」と思って一日中そわそわしたことがある。
終礼が終わってわくわくしながら待ってたら全然関係ない用事だったし一分で解散した。

COMMENT 浮つくだけ浮ついて、本当にただちょっと浮ついただけだったなというのが伝わってきて良いな。

声優

ゲスト寄稿　鎧坂

とある声優のイベントに行ってきた時の話なんですけどその会場を歩いていたら急に名前を呼ばれました。なんか聞き覚えある声。

振り返ったらマジの声優の人でした。

は？？？？？

なんで？ 声優が？ 俺に？ なんでですか？？？

おかしいだろ。ここにいる奴ら全員あんたらの萌え萌えパワーをもらう為にゾロゾロ集まってきてんだぞ。そのパワーを急に一人にぶつけてくんなよ。しまえよ。いくらなんでもアンブッシュの火力が高すぎる。

どうもライターとしての俺の活動を知ってたらしいんですけどにしたってよく声かけてきたな！ 今から俺なんて返せばいいんだ？ 君あるか？ 声優の方からエンカ仕掛けられたことあるか？？？

とりあえず鬼細い声で「お疲れ様ッス……」って言ったら、向こうは「わーー！ お疲れ様です！ ほへーー！きてたんですねー！ それじゃ！」つっ

もうちょっとで危うく恋するところだった

て数秒後には人混みの中にスキップで消えていきました……まぼろしか？

いや。その通り幻術だったかもな。あそこで変に反応してあの蜃気楼のワッザに飲まれていたら、その元凶である周りのメガネ連中が四方八方から飛び込んできて総攻撃全部喰らってたと思うし。俺やだよ。ペルソナみたいな爆発四散。

COMMENT 恋しちゃうことも恋しそうになることも罪ではないが、それとは別に単純に羨ましすぎるので総攻撃を仕掛けたい。

PROFILE

鎧坂

ｗｅｂライター。東京在住。ＳＮＳ上でのフリースタイルな文章とスタイリッシュな立ち姿を掛け合わせた投稿に定評がある。その体内では６６６匹もの獣の生命因子が混濁しており、それらを使役し、人肉を貪る。

ゲスト寄稿
～鐙坂～

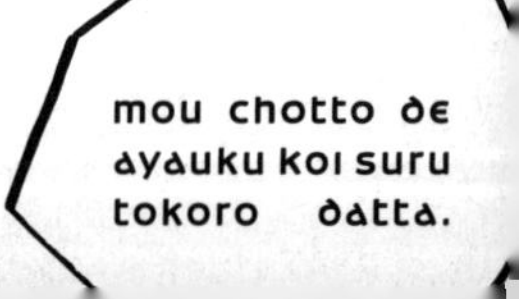
mou chotto de
ayauku koi suru
tokoro datta.

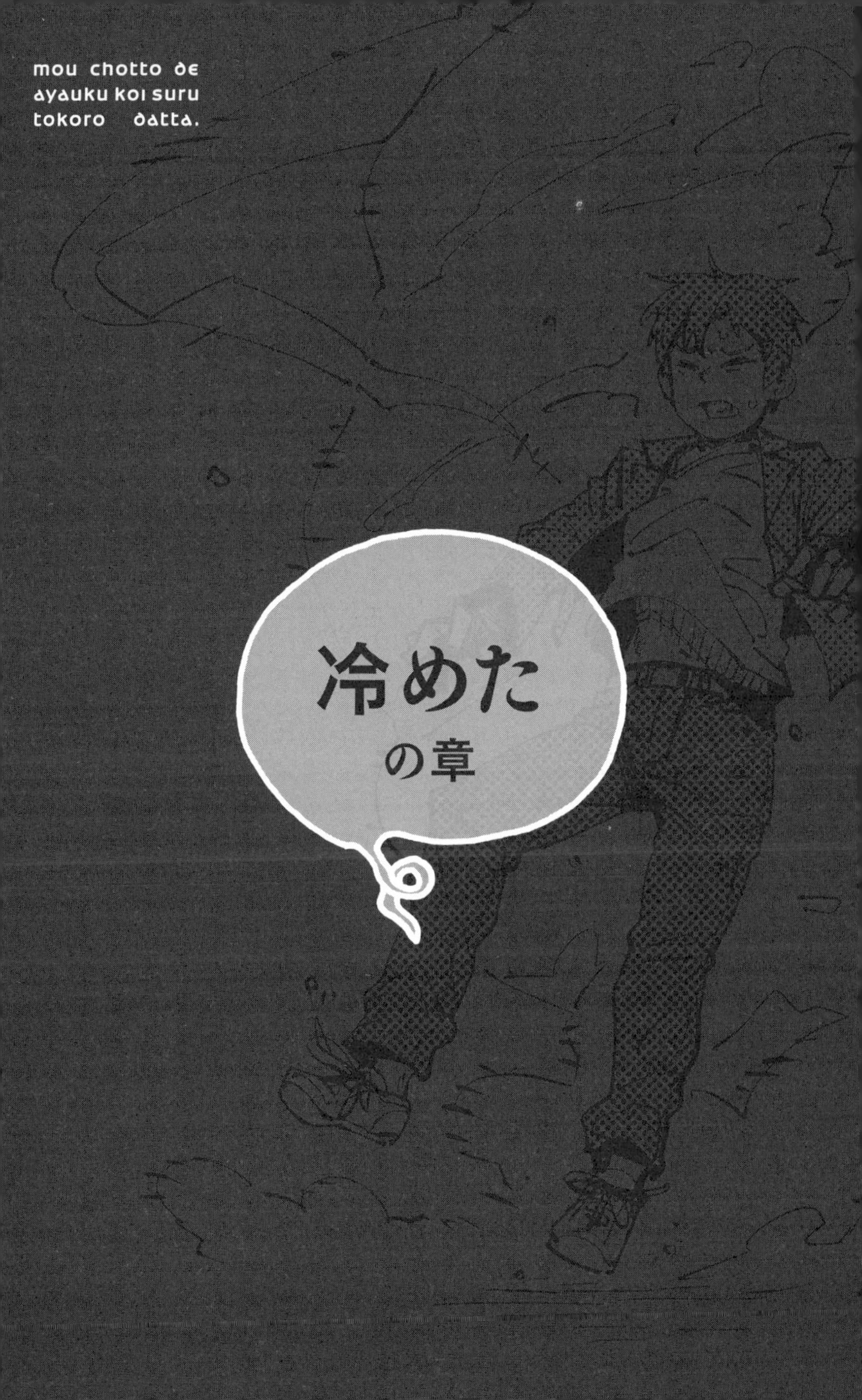
mou chotto de
ayauku koi suru
tokoro datta.

冷めたの章

犯人

投稿者　自分のボタン

引越しの挨拶で、隣に美人の女子大生が住んでることがわかったことがありました。

とても物腰の柔らかい方で挨拶の粗品にもとても喜んでくれて、「シチュエーションが漫画過ぎる」と何かを期待するようにドキドキしてしまったんですが、数週間後にその人が毎晩駐輪場の私の自転車を倒している犯人だと発覚して、一転してバチバチに争い合う関係になりました。

COMMENT **どれだけ美人でも毎晩自転車倒す人はちょっとな。**

コンビニ店員

投稿者　おいがつお

よく行くコンビニの店員さんに顔がかなりタイプで喋り方も温厚な大学生くらいの男の子がいて「おっ、いいじゃん」って勝手に気に入っていた。

先日、カレーとサラダを買って帰った時「スプーンとお箸はどちらをつけましょうか？」と聞かれ、カレーがあるのになぜか「お箸で！」って答えてしまった。答えた瞬間に（うわカレー買ったじゃん）と気づき慌てて「すみません、やっぱスプーンください……！」と訂正したら、なんかニッコリ微笑んでくれた。

ズキューンとなり、ホクホクしながらお昼の時間に中を見たらどちらも入っていなかった。弄びやがって。大人を舐めるなよ。

COMMENT **当人もこんな風に思われてるなんて思いもしないだろうな。**

ラブレター

投稿者　足先

中学3年生の夏、小学生の時に仲の良かった同級生（中学は違う）に手紙で告白された。封筒の名前を見た時は少し恋に落ちかけたが、本文の字があまりにも汚かったので萎えた。

何も返事をせず、あと数年で10年になる。

COMMENT でも覚えてるってのがいいな。

身長

投稿者　つらみ

大学生の頃、同じサークルの男子が「これくらいの身長だったらいいのにな～」と言いながらつま先立ちをしていた時の背の高さが私的にめちゃくちゃちょうど良過ぎて、一瞬「好き！！！」って思った。なお、つま先立ちをやめたらトキメキも終わった。

COMMENT 恋して冷めるまでのＲＴＡがあったら最速狙える。

自虐

無記名

高校時代の話。昼休みに友人と談笑していたとき、友人に言った冗談が右前に座っていた女子にめちゃくちゃウケた。彼女はこちらを向いておらず前を向いて食事をしていたため、まさか聞いているとは思ってい

なかった。口の中に食べ物が入った状態でツボに入ってしまったのか、口元を手で隠すようにしながら声を押し殺すように笑っている姿がとても可愛らしく、かなりときめいた。

　ただ、そのときに言った冗談というのが自分の顔面を自虐したものだったため『ほぼ話したことないのにこれで爆笑するのだいぶ失礼な人じゃない……？』と思い、恋には落ちなかった。

COMMENT **恋に落ちかける理由も、**

ギリ思いとどまる理由もどちらも素晴らしいエピソードだな。最高。

投稿者　うろろろ

竜巻

合コンで知り合った男性との初デート。

駅で集合して「さあ遊びに行くぞ！」とドキドキしながら外に出た時、小さい竜巻が発生してその人だけが巻き込まれた。

心配よりも先に「あ、このタイミングで竜巻に巻き込まれるような人なんだ……」と思ってしまい、申し訳ないけどスーッと冷めてしまった。

COMMENT 本書にまとめるにあたって読みなおしてやっぱり笑いすぎてしばらく編集の手が止まった。

絞首

投稿者　お花畑

高校生の時、性癖の話になり口を滑らせ絞首と答えてしまった。それを聞いた一つ上の先輩が嬉々として「ちょっとやってみてもいい？」とガチめの力で三秒くらい首を絞められた。

めちゃめちゃに興奮したし遠慮がないところに惚れかけたけど、いくら相手の癖だからってなんの躊躇もなく後輩の首絞めるか？　と思い恐怖も感じて恋には落ちなかった。

COMMENT　絞首する時はみんな相手の同意をとってからにしましょう。

備品

投稿者　法子チャン

研究室に配属されたとき、先輩が「これは8000円くらい、これは5万くらい、これは壊すとすごく怒られるよ」といちいち器具の値段を教えてくれた。

「なんで値段まで詳しいんですか？」と聞いたら「全部壊して再発注したことあるから」と言われキュンとした。

その後たまたま授業が被り「これ落とすと卒業できないからノート写させて！」と後輩の自分に縋る様を見て冷めた。

COMMENT　ダメさにキュンときてダメさに冷めるから難しいよな。

ムキムキ

投稿者　すいとう

小学五年生のとき転校したのですが、その転校初日の休み時間で、隣の男の子が〝算数の教科書に出てくる鉛筆のキャラクターを筋肉ムキムキにした姿〟を自由帳に描いていました。リクエストしたらリラックマも筋肉ムキムキにしてくれて、私の緊張をユーモアでほぐそうとしてくれているのかなと好きになりかけました。

その後、毎日先生に怒られているのを見て恋愛感情は薄れてしまいました。

COMMENT 絶対にいいやつではあるんだけどな。

ふせん

投稿者　限界OL

普段全然口を開くことが無い薄暗めの後輩（いつも下を向いている）がいるのですが、繁忙期で鬼のようにパソコンを猛打していた私のデスクに近づいてきて、恐らく鬼気迫る私の様子に声をかけられず一度自分の席に戻り、そしてまたふせんを手に持って近づいてきました。

対応出来る余裕があまり無かったため助かる！　と思って仕事を続けていると、消え入りそうな声で「確認お願いします……」と呟きながら、なぜか、私の手の甲に直でふせんを貼ってきました。

そんなことある？？？　とバグってしまい、謎のキュンに襲われて危なかったです。字がめちゃくちゃ汚かったので恋にはなりませんでした。

COMMENT　本人のヘロヘロさと行動の大胆さのギャップがいいよね。こうなると字が汚いのも可愛い気がする。

手紙

投稿者　おしぎり

幼稚園の頃、仲の良い男女グループでプリキュアごっこをするのが流行っていました。女子は各々好きなプリキュアに変身し、男子はホワイトタイガー（当時なぜか男子の間で〝かっこいい〟と人気だった動物）になりきって戦うという遊びです。

ある日私が男子に「今日もプリキュアごっこしようね」と書いたお手紙を渡したところ、「こんな物なくてもいつだって遊んでやる！」と言われて目の前でゴミ箱に手紙を捨てられました。

その台詞の男前さにキュンとしかけましたが、他人から貰った手紙を目の前で捨てるのは普通にカスなので何も始まりませんでした。

COMMENT
セリフ自体は大変熱いのでなんか感情がバグりそうになるな。

潔癖症

無記名

高校のとき、潔癖を拗らせていて休み時間ごとに手を洗って消毒をしていてちょっと引かれていました。そんな私に「俺も潔癖症なんだよね」と共感してくれた人に少し好意を抱いていました。

ある休み時間、彼が手を洗って教室に帰ってきて、カーテンで手を拭きだしたので嫌いになりました。

もうちょっとで危うく恋するところだった

COMMENT

「こいつに恋しかけたのかよ」って苛立ちすらしそうで嫌だな。

リレー

無記名

中学の時。地味女だった私はヤンキーの男の子によく嫌な絡まれ方をされていたのですが、運動会で各クラスから男女二人出場するリレーにそのヤンキーと出ることに。練習の時いじられ絡まれ嫌な思いをしていたのですが、本番緊張してる私に「お前は俺にバトン渡せばええだけや、俺が全員抜いたるから、な？」と言われ、不覚にもキュンとしてしまいました。

彼は本当に全員抜いて一位で次の人にバトンを渡したのですが、後日私にコンドームを投げつけてきたので卒業まで口を聞くことはなかったです。

COMMENT 清々しいほどの最悪なオチ。

オオサンショウウオ

投稿者　036選集

もうちょっとで危うく恋するところだった

午前中のみ授業がある日、図書委員の自分は蔵書点検のため残っていました。作業を終えた帰り際、生物担当の先生が生物室から何か運んでいたのでついでに手伝いました。

文系だったのでほとんど関わりがない先生だったのですが、手伝い後、夏の暑い日だったためか先生から麦茶を出され、気づいたら水槽を隔ててオオサンショウウオの生態を聞かされてました。普段生徒と話しているイメージもないおとなしく地味な先生だったので、この生き生きと話す一面を知っているのも、麦茶でもてなされたのも自分だけでは？ という特別感と、生徒が帰ったあと生物室で二人きりというシチュエーションに惚れかけました。

しかし麦茶ポットを冷蔵庫にしまう際、オオサンショウウオのエサ（多分昆虫）がみえてしまい、さっきまで感じていた特別感から飼育されている感覚になり一気に冷めました。

COMMENT **「オオサンショウウオのエサと一緒に冷やしてたもの出すなよ」という気持ちもわからなくはないけど、どっちかといえばオオサンショウウオの方を人**

並に扱っている気もする。

mou chotto de
ayauku koi suru
tokoro datta.

mou chotto de
ayauku koi suru
tokoro datta.

親切・好意の章

肌

無記名

高校生のころ、授業中に数人のグループで話していたら、普段めちゃくちゃ無口な男の子に話の流れで自然に「〇〇さん肌綺麗だよね」って褒められてションベン漏れそうなくらいキュンとした。

COMMENT さらにもうひと押しあって恋に落ちていたらションベンが漏れていたと思うと、命拾いしたな。

トンボ

投稿者　麺類

通学中に私の肩とリュックサックの間に挟まってしまったトンボを逃してくれた。

COMMENT シンプルで大変良い。

おはよう

中一の宿泊学習の帰り、バスの補助席で寝ていたら周りの声がうるさくて「うるさい……」とぼやいたら隣の男子が注意してくれて、バスが着いた時にその男子に「おはよう」と言われた時。

投稿者　くりすぴーちきん

COMMENT　シチュエーションも強いけど、寝起きにシンプルな挨拶されるってだけでもかなり強いな。

名前

投稿者　マーメイド親方

幼なじみと飲んでいる時（お互い苗字呼び）に、自分の名前を結構気に入ってるんだけれど苗字で呼ばれることが多いからちょっと寂しいんだよねーって話したら、次会った時から名前呼びに変えてくれたこと。（20年間苗字呼びだったのに）

COMMENT　20年の付き合いがあるとこれ以上良くも悪くもならない好感度に固着すると思ってたけど、そこから急に好感度上げられるとかなり危ないな。

アイス

投稿者　きなこ丼

いろいろあって自分が生徒会室で泣いていたところ、先輩が慌ててアイスを持ってきて話をきいてくれた。

COMMENT　一刻も早くアイスをあげて話を聞かなきゃと思ってくれる人、めちゃめちゃ可愛い。

消しゴム

無記名

中学生の時、ちぎれかけの首の皮一枚繋がったみたいな消しゴム使っていたら、全然話したことなかった近くの席の男子に「ちぎった方が使いやすいじゃん」って言われてぶっちぎられた。

COMMENT こういう「刺さる人には刺さるけど、そうでない人には全然刺さらなさそう」みたいな話が超好き。

カンニング

投稿者　ズン

小学生の頃に百人一首の暗記テストでカンニングしていたのが隣の席の男の子にバレた時に、小声で「秘密にするね」って言って微笑まれたときに恋するかと思いました。

ですが、バレた恐怖の方が勝ったので恋はギリギリしなかったし、カンニングはやめました。

傘

投稿者　パッション亡命

真夏のピークが去って日も短くなってきた頃、雨の降る夜でした。当時の僕は高一で身長160㎝・体重80㎏・髪の長さ1㎜以下のゴツい柔道部でした。

部活帰りのバス停で雨よけからはみ出て、袖を捲くったままのYシャツ姿で、傘を差していませんでした。まあいいかと思い両耳にイヤホンを差し、夜空を見上げていました。

すると左肩にツンツンという感触があった。イヤホンを外し話を聞くと、「傘入りますか？」と20代のスーツを着た女性に声をかけられた。見た目が厳つい私にだ。それに笑顔で誘ってきた。彼女は天使だ。感謝をし雨を凌いだあの15分。異性しかも年上のお姉さんと初めての相合い傘。

COMMENT　秘密の共有的なときめきはあるけど、弱みを握られたと思えばそれもそうだしな。怖い。

あれ以来僕は傘を持っていない。僕は未だにあまざらしだ。

COMMENT **本当に最高だけど傘は買って。**

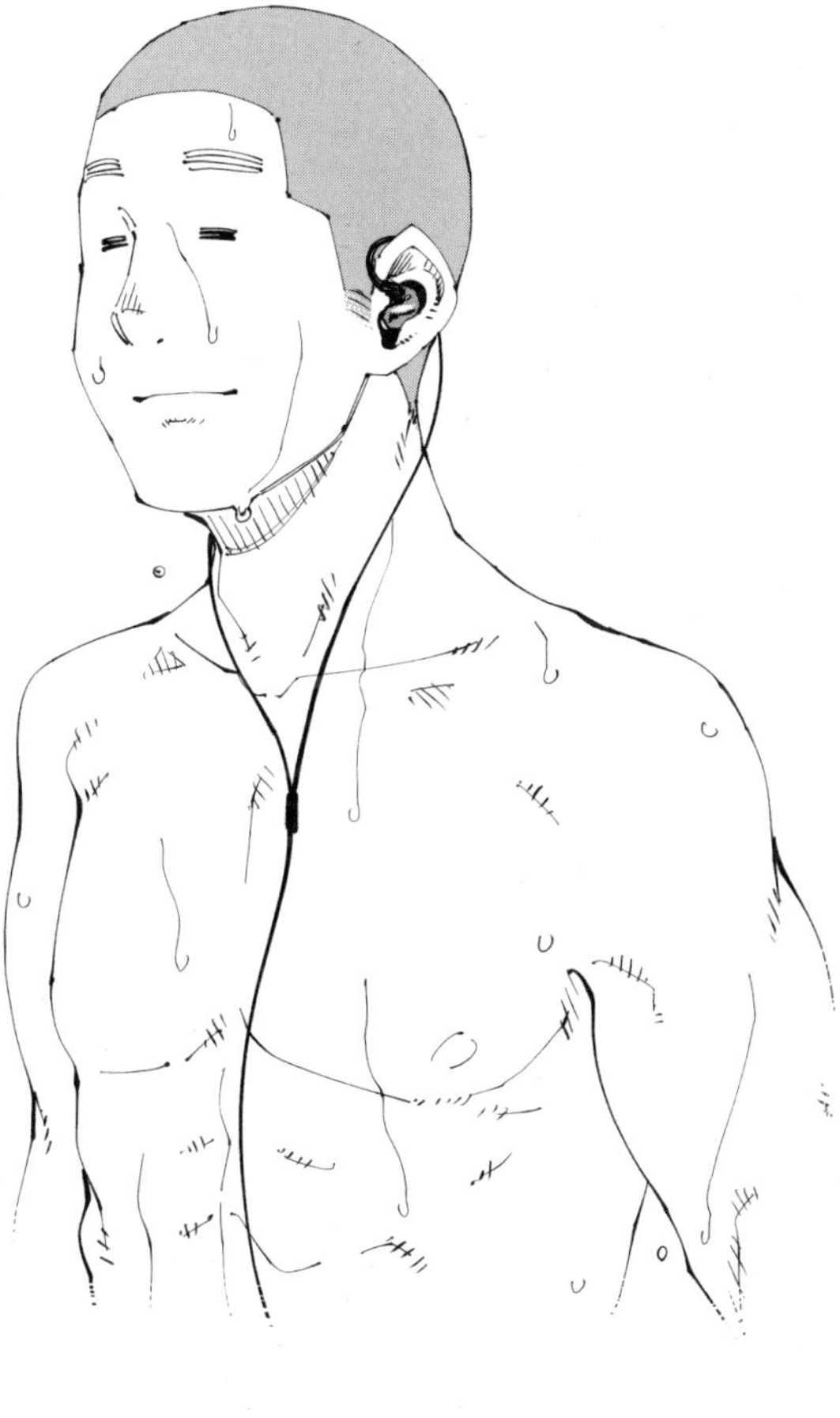

お互い様っしょ

投稿者　うなぎメロン

中3の頃、大事なテスト中に鉛筆を落としてしまい、挙手をしたが先生に全く気づかれなかった。試験の規則で勝手に拾うわけにもいかないし、残り時間も少ないしでテンパる俺。

すると急に後ろからカシャーン！と大きめの音が響き、音に気づいた先生がやってきた。

そして後ろの席の女子が、「○○さんも鉛筆落としちゃったみたいです」と先生に伝えてくれた。

その後本人に聞いてみたところ、俺が困ってるのを見て、わざと鉛筆を落として誘導してくれたらしい。「困った時はお互い様っしょ」とのこと。

あまりのイケメンっぷりに、俺は危うく乙女になるところだった……。危なかった……。

COMMENT　親切な上に機転が効く人、めちゃめちゃカッコいい。

慣れ

投稿者　やかん

高校生の頃の話です。ボーッとしながら教室のドアを閉めようとした際、教室に入ろうとしていたクラスメイトを思いっきり挟んでしまったのですが、焦って謝る私に対して「大丈夫！　俺ドアに挟まるの慣れて

るから！」と言われた時はその優しさに一瞬心臓が止まるほどドキッとしました。

COMMENT めちゃめちゃ優しいけど、そいつの人生を思うと悲しい。慣れるほど挟まれる人生って何があったんだ。

理系

無記名

中学校の時に理科の実験で、塩酸（濃度25％くらい）を使うことがありました。授業の最初にビーカーを先生のところまで持って行き、塩酸入れてもらって自分の班に戻る。みたいな形式でした。

私がビーカー持っていこうとしたら、科学部の眼鏡男子に呼び止められて「女子に塩酸持たせられないよ」と言われたので、塩酸運搬係を代わってもらいました。理系なりの方法で女子扱いされてる感にトキメキました

COMMENT 「塩酸」と「紳士」が同時に登場する話をはじめて読んだな。眼鏡の精

一杯のジェントル精神が萌えだし「そんなことで紳士ぶられてもな」と思わない投稿者さんの素直さも素敵。

まつげ長いし

投稿者 △△

中学時代、唯一会話のあった異性がおちゃらけ系野球部の男の子だった。

ある日の帰り道に前の方でクラスの男子たちが可愛い女子ランキングをつけていた。通り過ぎたら気づかれるので、少し後ろを歩きながら聞き耳を立てていた。

するとそのおちゃらけ男子が「△△さんはもっと順位高いって！　お前ら今度よく見てみ⁉　まつげ長いし」と自分を弁護してくれてるのが聞こえた時。危なかった。

COMMENT **危ねえ〜〜〜「あのおちゃらけ野郎が自分のまつ毛の長さに着目していた」ってかなり危ないぜ。**

優しいだろ

投稿者　ガードウーマン

以前、工事現場の警備員の仕事をしていた頃。夜の工事で雨が降る中での作業をしていた時でした。この日、私は合羽を忘れてしまい、「こんな土砂降りなのに……やっちまった……」と思っていました。

工事の規制の先頭で棒を振る役割だったのですが、工事が始まり、上司が運転する工事車両の後ろに立って作業開始しようとしたら、雨が当たらない高架の下でした。偶然……？　と思ってると、トランシーバで「〇〇、俺優しいだろ？」と言ってきた時にちょっとキュンときちゃいました。本当に助かったんですが、怒るとめちゃ恐な上司だったたので恋はしませんでした。

COMMENT かっっっっっこよすぎる。

92点？

投稿者　なぎ

中学時代、元々成績は良い方だったんですが、ある時定期テストの国語で99点（学年最高点）をとってしまい、クラスで犯人探しのような状態に。（高得点すごい！　みたいな感じで悪い意味ではないんですが）

目立つのがガチで無理なので、絶対バレたくない……と黙っていたところ、近くの席の子達がもしかして私では？　みたいな雰囲気に。点数を見られそうになり、咄嗟にどうしようか狼狽えていたところ、隣の席の男子が、「さっき何点って言ってたっけ……92点？？」と助け舟を出してくれて、うわ〜〜〜〜！！！！　ってときめきで叫びそうになりました。

チョコ

隣だったので点数は既に見られてしまっていて、「すげ〜」「いやでもめちゃくちゃ惜しい間違いしてるんだけど……」みたいな会話はしていたので、周りに言いふらしたりしないでくれたとこもまじでありがたすぎた……。

小学校が同じで、時々話すくらいの親しさの男子だったんですが、バレたくね〜って気持ちを察してくれてたり、会話の返し方（こんな言い方もあれなんですが、点数も絶妙すぎ）だったり、よく分かんないけどほんとに心臓がぐわんぐわん揺れました。彼とは卒業以来まったく話しても会ってもいませんが、絶対に幸せになっていてくれ〜〜！！　と思ってます。（重……）

COMMENT どんな育ち方したらこんなカッコいいスマートな嘘つけるようになるんだ。きっと彼は話術で幸せになってくれる。

投稿者　すぐしま

中学の頃、バレンタインデーに女子はクラス全員分のチョコを作って渡すのが流行りになっていた。とにかく周りから浮きたくなかった私は、前日の夜遅くまでクラス全員分のトリュフチョコを作って、渡しまくった。

後日、部活の準備をしている時に近くにいたクラスメートの男子から「この間、チョコありがとう。色んな人から色んなチョコ貰ったけど、お前が作ったチョコが一番美味かった」と言われた。褒められた嬉しさと「一番美味かった」というフレーズで危うかった。

ホワイトデーのお返しはありませんでした。

COMMENT　ストレートな褒めって本当に強いよね。

ポッキー

投稿者　布瑠部由良由良

高校生の時、好きな女の子の誕生日がバレンタインデーだったのですが、当日その女の子と仲のいい女の子（普段男子と会話しているところを見たことがない）に呼び出されたので行ってみると、無言でポッキーを渡されました。

その子が去ったあと、ポッキーの箱を見ると可愛い付箋に「〇〇ちゃん（僕の好きな女の子）と一緒に食べること！　一人で食べちゃダメ！　がんばってね」と書かれており、別に好きな子がいなかったら好きになっていました。

COMMENT 気遣いがカッコよすぎてこっち好きになりかけちゃうよねこんなの。本人はそんなこと考えもしないんだろうけど。

教本を買いに

無記名

高校一年生の時、吹奏楽部に入部したのですが自分の担当楽器はその学校に一つしかなく先輩もおらず、独学で勉強することに。

上達するために、楽器は違うが色々とフォローをしてくれていた一つ上の先輩と二人で「楽器の教本」を買いに行きました。その時は買い物をして解散しました。その後、高校二年生の秋。その先輩が部活を引退することになりました。うちの部活では引退時期に先輩と後輩がお互いに手紙を送り合うという習慣があったので、自分もその先輩に手紙を送り、先輩からも自分に手紙を貰いました。

家に帰った後にその手紙を読むと「一緒に教本を買いに行ったこと、初めて男の子と二人でお出かけしたのでとても緊張したことを今でも覚えてるよ」と書かれており、家で一人で顔が真っ赤になりました。

COMMENT 「後輩の買い物に付き合った」ではなく「初めて異性と出かけた」って思い出に分類されているのはかなり狂っちゃうな。

荷物

投稿者　もとい

部活で私が両手いっぱいいっぱいに荷物を持っていたところ、先輩に「なんか持とか?」と聞かれ、「あっ、大丈夫です!」と言ったら、先輩がいたずらめいた笑顔で「ふぅん、あたし、今手ぶらやから、なんか持たんと落ち着かんねんけど、どう?」と言われた時。

「じゃあお願いします！」と言ったら満足そうに「ふふ、うん。いいよ。」と言われた。

COMMENT こんなかっこいい人間になりたい。

血

投稿者　茶湯

中学生の時。特別教室の鍵を先生が取りに行っている間、教室前でクラスメイトとお喋りをしていた。そんな中、口にした何かが「ガタイが良くて手の早い奴」の逆鱗に触れ、顔面にグーパンを貰う自分。

人生の中でも指折りの流血（鼻血）で、みるみるうちにリノリウムの廊下が赤色に染まっていく。保健委員に連れられて近くの流しに向かう最中、すこし影のある女子がその光景を見て「綺麗……」とこぼしているのが聞こえた。

自分の身体の何かを褒められるのが初めてで心臓が跳ねる思いだった。それはそれとして鼻が大変なことになっていたので何にも至らなかった。

COMMENT 中学生ならたしかに血液褒められたら恋しそうになるかもしれん。

髪型

投稿者　小雨

中学二年の時お団子ヘアにハマって、ほぼ毎日お団子ヘアで過ごしていました。

当時隣の席だった男の子はかなり静かなタイプで、休み時間中ずっと漫画を描いていて、ギャルグループに属していた私は話す機会すらなく授業で必要なときに会話するのみでした。

ある日プールの授業のあと、普段は髪を乾かしてお団子ヘアに戻すところその日は時間が足りず、髪を下ろしたまま席に戻りました。すると隣の子がこちらをみて一瞬キョトンとした後に、「いつもとだいぶ雰囲気が違うけど、いいね」と言われ、たぶんその時私は顔が真っ赤になっていました。

そのあとの授業は彼の言葉が頭をグルグルしていたのを覚えています。

もうちょっとで危うく恋するところだった

でも私はギャル、彼はオタクだったので恋には至りませんでした。その後は髪を下ろして過ごすようになりました。

COMMENT「どうしようもない種族の壁としつつもその後は髪を下ろすようになった」というひとつまみの希望が大変美しい話だ。

なんかのキャラのセリフ

投稿者　おがくず

小学生の頃、目をかっぴらくことで数秒だけ二重になるというギャグで一番笑ってくれていた女子がいた。

お互い違う中学に行ったが、たまにＬＩＮＥで好きなアニメとか漫画の話をするようになった。

ある日、急に「好き」とだけメッセージが来た。

ドキドキしたが僕はインターネットに浸っていたため咄嗟に童貞をバカにするやつだと思い「なんかのキャラのセリフ？」と聞き返したら「バレたか～。これはあのキャラの――」と返ってきたので落ち着いた。

その子はスマホを替えて連絡先が飛んだらしく、今では連絡を取っていない。


COMMENT「目をかっぴらくことで数秒だけ二重になるというギャグで一番笑ってくれていた女子がいた」という書き出しでもう最高。エピソード自体のお前ふざけんなよバカタレがというオチもこれはこれで胸を掻きむしりたくなって良い。

スーパーボール

投稿者　小麦粉

高校生の頃、教室の中でスーパーボールを跳ねさせて遊んでいたら寝ていた男の子にあてて起こしてしまった。怒られると思ったら「寝てた俺が悪い」といってスーパーボールを返してくれた。ときめいたけどさすがに申し訳なさが勝った。

COMMENT どう考えてもその男の子悪くないしな。

死

投稿者　キャベジ太郎

小学校低学年の時、黒板に「死」という漢字を書こうと苦戦していたところ、東京から越してきたばかりの女の子に「死って書きたいの？　こうだよ」と教えられ、田舎者だったのでシティガールへの憧れも相まってキュンとした。

その子はまたすぐ引っ越して行ってそれっきり話すことはなかった。

死

COMMENT 「死」の書き方から始まる恋バナも読みたかったな……引越しさえなければ……。

階段

投稿者　えす

中学のころ陰キャぼっちの私がぼんやりしながら階段に座ってたら、不良の男子が「もうすぐ先生来るからそこ座ってると怒られるよ」と教えてくれた時に危うく惚れかけました。

COMMENT **そいつも怒られたことあるんだろうな～というのが見えて良い。**

いい人ね

ゲスト寄稿　ヤスミノ

つい最近、引っ越しをした。荷物搬入のために新居のドアを開け放していると、知らないおばあさんが部屋の真ん中に立っていた。それが当然であるかのように立っていた。

「素敵な部屋でしょう？」

とおばあさんは言った。戸惑いつつも話を聞くと、一階に住んでいる大家さんであるらしい。大家でも勝手に入っちゃダメだろと思ったが、あまりに堂々としていたので何も言えなかった。

「今はもう住宅街だけど、昔はあっちが森だったのよ」

大家さんは昔話を語りはじめた。口調はまるでお嬢様のように上品だった。唐突に歌い出したり、僕の知らない外国語を喋ってみせたりもした。奇妙なおばあさんだった。

後日、アパートの前で再び大家さんと鉢合わせた。特に用事もなかったので、またしばらく立ち話をした。

もうちょっとで危うく恋するところだった

「昔はあっちが全部森だったのよ。信じられないでしょう」

彼女は前回と同じ昔話を始めた。僕は「まあ、おばあさんってこういうもんだよな」と思い、数十分ほどただ聞いていた。ひとしきり話終えると

「あなた、いい人ね」

と言った。僕は「どうしてですか?」と尋ねた。

「私が同じ話をしても、ちゃんと聞いてくれますもの」

自覚あったんだ、と驚いた。そして右手を差し出し、僕に握手を求めた。もし彼女が89歳でなければ、と少しだけ考えてしまった。

COMMENT 素敵すぎる。いい映画一本見たような読後感。

PROFILE

ヤスミノ

ライター。新潟県生まれ。お笑い系Webメディア「オモコロ」に編集部として携わりつつ、ラジオやYouTubeへの出演などもしている。好きでも嫌いでもないものはカーテンレール。

ゲスト寄稿
～ヤスミノ～

あとがき

「こっち見ないで!!　恋しますよ!?」

アイドルマスターミリオンライブに登場するアイドル、七尾百合子のこの言葉に衝撃を受けたのは何年前のことだっただろうか。本当にすごい言葉だ。

「つい、恋しそうになる」ということをわざわざ言葉にするとめちゃめちゃ面白い。それに気がついたのはこの言葉のおかげだ。

この「もうちょっとで危うく恋するところだった話集」の企画をやろうと思った時も頭の中にはこの言葉があった。

さて、「恋に落ちる」「恋の病」など。恋することを表す慣用句はやたらと危険なニュアンスのものが多い。

恋自体は素敵なものだと信じたいが、あまりにもホイホイ恋していては身がもたず、自分や周りをメチャクチャにしてしまう恐れがある。皆様も恋愛事情でメチャクチャになっている人や集団を見たことがあるのではないだろうか。

七尾百合子があんなセリフを言ったのも、恋が素敵なだけではない、危険な性質を持った感情だからだろう。

本書はおもしろキュンキュン読み物として編集されたものだが、恋を危険なものだとするならヒヤリハット事例集として活用することもできる。本書が皆様の人生で恋に落ちる前のブレーキをかける一助になると幸いだ。

そして恋寸前で踏みとどまることができたら、ぜひナ月へ教えてほしい。

最後に、書籍化実現のために協力してくれた皆様、ここまでお付き合いいただいた皆様、何よりエピソードを投稿してくれた全ての皆様に心からの感謝を。

ありがたすぎて恋しそう。

ナ月

初出掲載

オモコロ「もうちょっとで危うく恋するところだった話集」
２０２２年11月8日
オモコロ「もうちょっとで危うく恋するところだった話集２」
２０２３年１月17日
オモコロ「もうちょっとで危うく恋するところだった話集３」
２０２３年３月10日
オモコロ「もうちょっとで危うく恋するところだった話集４」
２０２３年７月26日

以上のものに新規のエピソードと加筆を加えたものです。

もうちょっとで危うく恋するところだった

mou chotto de ayauku koi suru tokoro datta.

（編）ナ月

editor nazuki

（絵）紙魚丸

illustrator shimimaru

2025年1月20日　第1刷発行

ブックデザイン
野条友史

発行者
小田泰輔

発行所
（株）アムモ98

〒113-0033
東京都文京区本郷5丁目23-13
タムラビル6F
TEL　03-5844-6458
http://www.amumo.jp/

発売
星雲社
（共同出版社・流通責任出版社）

印刷所
シナノ印刷株式会社

ISBN 978-4-434-34390-2　C0095